Cuéntame un Cuento de Perrault

Piel de asno

El gato con botas

Barba Azul

El pequeño Pulgarcito

La Cenicienta

El hada del manantial

ILUSTRACIÓN

MARINA SEONANE

LIBSA

C/ San Rafael, 4
28108 Alcobendas (Madrid)
Tel.: (34) 91 657 25 80
Fax: (34) 91 657 25 83
e-mail: libsa@libsa.es
www.libsa.es

Edición: Eva Melgar
Ilustración: Marina Seoane

ISBN: 84-662-0340-0
Depósito legal: CO-916-01

Impreso en España / *Printed in Spain*

Piel de Asno

Érase una vez un rey rico y poderoso, casado con una reina excepcional, tan bella que eclipsaba al sol y de un carácter tan dulce como la miel. Nadie podía imaginar una esposa mejor.

El matrimonio tenía una hija que era el orgullo de todos, porque se criaba tan bonita y virtuosa como su madre.

En aquel reino todo era opulencia. Hasta las caballerizas reales brillaban como el cristal y los corceles tenían las crines tan bien peinadas que más parecían damas de la corte que caballos.

Os sorprenderá saber que en las mismas cuadras, en un lugar de honor y tratado con el mayor lujo, vivía también un asno muy especial. Nadie sabe por qué causas mágicas, aquel animal no desprendía excrementos, sino que echaba monedas de oro gracias a las cuales el rey enriquecía sus arcas.

Era un reino feliz, pero un día sucedió la peor tragedia: la reina cayó enferma y ni los médicos del lugar ni los más prestigiosos magos supieron dar con su mal.

Viéndose morir, la mujer llamó a su esposo el rey y le dijo entristecida:

—Mi dulce señor, te he acompañado y amado con todo mi corazón, pero ahora temo que al morir puedas olvidarme y te cases con otra mujer.

El rey estaba tan dolido por perderla que no podía siquiera concebir la idea de amar a otra mujer, pero aun así, la reina le suplicó una promesa:

—Sé que me amas, pero el corazón puede traicionarte. Sólo te pido que busques una reina más hermosa y discreta que yo para casarte. Si no es así, traicionarás mi recuerdo.

El rey juró que lo cumpliría y ese mismo día la reina murió entre sus brazos. El pobre hombre pasó varios meses transtornado, llorando la muerte de su mujer, hasta que un día, en su locura, creyó oportuno buscar una nueva esposa que le consolase. Como recordaba la promesa hecha a la difunta reina le resultó imposible encontrar una digna sustituta. No había mujer comparable en todo el reino… excepto en la persona de la princesita, su propia hija.

Cuando el apenado padre se percató de la belleza sin igual de la joven y de su dulce carácter, desvariado como estaba, dio en la locura de quererse casar con ella. La pobre princesa lloraba por su desgracia y, asustada, recurrió a su madrina, que era un hada sabia. El hada madrina se apresuró a aconsejarle:

—Pídele como regalo para desposarte un vestido del color del tiempo.

Así lo hizo la princesa; pero el rey, que tenía los mejores sastres a su servicio, mandó hacer el vestido. A los pocos días, un traje de intenso color azul, como el cielo que todo lo ve y todo lo sabe y como el mar que mece la vida de los hombres, se entregó a la princesa, que no pudo negar su perfección.

Muy preocupada, el hada madrina de la jovencita intervino otra vez:

—Pídele ahora un vestido imposible, que sea como el sol claro y abrasador.

Pero el hada subestimaba el poder del rey, pues éste mandó decorar un vestido a los mejores artistas del reino, que pintaron el más hermoso amanecer sobre una tela dorada. Cuando fue entregado a la princesa, ella tuvo que retirar la vista, cegada por el refulgir del alba, la más bella jamás pintada.

Viendo el hada que el rey era capaz de cualquier cosa, aconsejó a su ahijada:

—Sé de algo que el rey se negará a ofrecerte. Pídele la piel del asno que le facilita todas sus riquezas y no te la dará, pues perdería su poder.

Pero no hay barrera que el amor ciego no se atreva a romper y el rey no lo dudó un solo instante: mató al asno mágico y le entregó la piel a la jovencita. Entonces no le quedó más remedio a la pobre princesa que aceptar casarse con él.

La noche previa a la boda, el hada madrina le propuso un último plan:

–Huye del reino envuelta en la piel del asno. Disfrazada así causarás tal repulsión que nadie podrá detenerte. Mete tus pertenencias en este baúl mágico y huye. El baúl te seguirá bajo tierra a donde vayas y sólo tendrás que dar un golpe en el suelo para que aparezca delante de ti cuando lo necesites.

La joven siguió su consejo y nadie sospechó que aquel rostro escondido tras la mugre y la piel ocultaba la dulce tez de su princesa. Sobrevivió como pudo, mendigando de pueblo en pueblo, hasta que en una granja la aceptaron para limpiar las porquerizas a cambio de un cobertizo y un poco de comida.

Allí se quedó a vivir la princesa, trabajando sin parar y soportando el desprecio de todos, que se burlaban de su atuendo y de su aparente fealdad.

Cada vez que tenía un rato libre, la princesa se encerraba en el cobertizo donde dormía y sacaba del baúl mágico sus joyas y vestidos, se lavaba y se los ponía sólo por el placer de contemplarse tal cual era: tan joven y tan hermosa.

A su cuidado en la granja estaban también las aves de presa de un príncipe cazador que iba a menudo a ver sus halcones y a reposar allí después de las cacerías. Era un hombre guapo y gallardo, y la pobre Piel de Asno, como todos la llamaban, apenas se atrevía a mirarle, aunque se consumía de amor por él.

Un día que el príncipe merodeaba por la granja, se detuvo frente al cobertizo donde la princesa se probaba sus vestidos, limpia y hermosa frente al espejo. Al verla, el príncipe sintió un flechazo. ¡No existía una criatura más bella! Y cuando preguntó quién vivía allí, todos se echaron a reír.

—¿Piel de Asno? Pero si es el ser más horrible de la región. Por eso cuida de los cerdos -dijeron cruelmente-. Debéis estar loco, señor, si creisteis ver en ella a una bonita doncella.

Pero de nada sirvieron las burlas de los granjeros porque el príncipe había sido herido ya por los dardos del amor; así que, confundido, cayó enfermo de melancolía y dejó hasta de sonreír.

Un día, en su castillo, el príncipe hizo una extraña petición:
—Sólo comeré un pastel que haya sido cocinado por Piel de Asno.

La petición llegó hasta la granja donde Piel de Asno se puso de inmediato a cocinar. Como prueba de amor por el príncipe de sus sueños, la pobre muchacha metió disimuladamente un anillo de su dedo meñique en la masa.

Cuando el príncipe fue a comerlo, encontró el anillo y, maravillado por el regalo, decidió buscar a su propietaria bajo promesa de convertirla en su esposa. Una comitiva real buscó día y noche a la dueña de pieza tan singular. Princesas,

condesas y damas hicieron cola para probárselo... pero los dedos eran siempre demasiado gruesos. También las mujeres sin distinción social se probaron el anillo, pero no le encajaba a ninguna.

Sólo quedaba Piel de Asno, olvidada en la granja. Y cuando la comitiva real la obligó a sacar su pequeña mano por debajo del pelo gris del animal, sucedió lo que para todos fue un milagro: su dedo blanco y suave se deslizó por el anillo.

La boda del príncipe y la princesa se celebró sólo unos días después. Vinieron reyes de todos los lugares y el más esperado fue el padre de la novia que, por fin recuperado de su locura, estrechó a su hija entre sus brazos mientras suplicaba su perdón. La princesa no necesitó el sabio consejo de su hada madrina para perdonar a su padre y ser feliz para siempre...

El gato con botas

Había una vez un viejo molinero que, enfermo y anciano, vio el momento de morir y decidió repartir antes su pobre hacienda. Al hijo primogénito le dejó el molino; al mediano, le dejó un burro muy fuerte, y al menor, habiéndose quedado ya sin nada, sólo pudo darle el gato y sus botas. Cuando por fin murió el viejo, los hijos se hicieron cargo cada uno de su parte.

El mayor se ocupó del molino y su vida transcurrió como la de su padre, el mediano se convirtió en comerciante y utilizó al burro para transportar sus mercancías de pueblo en pueblo, pero el menor, que sólo tenía el gato y las botas, no sabía cómo sacar provecho de aquella pobre herencia.

—Amo, no temáis nada -dijo el gato, para asombro de su dueño-. Si me dais las botas para caminar, yo os conseguiré todos los bienes y riquezas que queráis.

El joven se echó a reír, pero como no tenía nada que perder y le picaba la curiosidad, pensó que el gato merecía una oportunidad, así que le dio su único par de botas, conformándose él con sus viejas sandalias. El felino se las calzó y partió inmediatamente hacia el bosque llevando consigo un saco lleno.

Una vez allí, abrió el saco y lo dejó en el suelo poniendo a la vista un suculento montón de verduras frescas. Al poco rato, un conejo confiado se acercó a olisquear, se metió distraído en el saco y el gato aprovechó para cerrarlo de golpe.

Con esa presa echó a andar hacia el castillo del rey del país y, cuando estuvo ante él, le dijo muy cortés:

–Señor, aquí os traigo una pieza de caza de la finca de mi amo, el marqués de Carabás. Con ella os presenta sus respetos y os la ofrece como regalo.

El rey quedó muy satisfecho por el presente, así que el gato volvió al bosque y, con el mismo método que había empleado para cazar el conejo, pasó días cazando nuevas piezas que siempre le ofrecía al rey de parte de su supuesto noble amo. El rey empezó a pensar que aquel marqués debía ser poderoso y r co, además de muy bien educado y amable por los dones que le enviaba. Y sí: definitivamente le gustaría que perteneciera a su corte.

Un día, el gato se enteró de que el rey pensaba pasear con su hija por la ribera del río. La princesa era bellísima y soltera, y el gato enseguida vio en esta circunstancia una extraordinaria oportunidad de triunfo para su amo.

—Amo -le dijo-, si sigues mis instrucciones te convertirás en un príncipe. Sólo tienes que desnudarte y meterte en el río cuando yo te diga. Lo demás corre de mi cuenta, pero trata de no parecer sorprendido y sígueme siempre la corriente.

No es que el muchacho tuviera mucha confianza en el gato, pero la situación era tan absurda que pensó que era divertido hacer lo que el gato decía. Se despojó de sus pobres vestidos, los escondió tras unos matorrales y se metió en el río. Allí se quedó, con el agua al cuello, a ver qué ocurría. El gato, entre tanto, subió a la rama de un árbol y cuando vio llegar al séquito real, comenzó a gritar:

—¡Socorro, socorro! ¡Que alguien me ayude! ¡Se está ahogando mi amo, el marqués de Carabás! ¡Socorro, socorro! ¡Ayúdenme!

Acercándose al rey, el gato, con aspecto preocupado, inventó la historia de que unos bandoleros habían asaltado a su amo, le habían robado todo, incluso sus ropas, y lo habían arrojado al río para que se ahogara. Inmediatamente, el rey ordenó a sus criados que sacaran del agua y vistieran al pobre marqués. Una vez vestido, la princesa, que acompañaba a su padre, lo encontró tan guapo y apuesto que enseguida

se interesó por él, así que solicitó que el gato y el supuesto marqués se unieran a la comitiva real en su paseo.

Pronto el gato se dio cuenta de que el rey siempre hacía la misma pregunta a quienes encontraba en su camino: «¿De quién son estas tierras?».

Entonces se le ocurrió otra brillante idea. Decidió acelantarse a la comitiva hasta llegar a un prado donde unos campesinos recogían heno fresco.

—Campesinos –les dijo el gato–, dentro de poco pasará por aquí una comitiva real. El rey, que está un poco loco, os preguntará de cuién son estos campos. En verdad quiere oír que pertenecen al marqués de Carabás. Más vale que contestéis así, porque si no, montará en cólera y os mandará cortar la cabeza.

Mucho le agradecieron los campesinos el aviso y, en cuanto vieron al rey, se inclinaron siguiendo las instrucciones del gato. Al rey le sorprendió y le satisfizo la respuesta que los campesinos dieron a su pregunta. Al poco, el gato se encontró con unos leñadores. Les previno con el mismo engaño que a los campesinos y, cuando el rey llegó y preguntó a los leñadores por los bosques en los que trabajaban, ellos contestaron que pertenecían al marqués de Carabás.

El gato, para entonces, ya había llegado al gran castillo de un ogro, que era el auténtico amo de aquellos terrenos. Se presentó ante él como un viajero deseoso de saludar al dueño de tanta riqueza y el ogro, que era de naturaleza soberbia y orgullosa como todos los ogros, enseguida lo recibió en su salón.

–Señor -dijo el gato-, vengo viajando por estas tierras y he tenido noticias de vuestras formidables cualidades: dicen de vos que podéis transformaros en cualquier cosa que deseéis, pero… yo no puedo creer algo así.

El ogro, ofendido por la incredulidad del gato, contestó que estaba dispuesto a demostrárselo, e inmediatamente se convirtió en un león. Cuando después de unos minutos el ogro recobró su forma normal, el gato admitió con fingida admiración que jamás había visto ninguna cosa semejante.

–Pero aún así… –siguió el astuto gato–, no tiene demasiado mérito que os transforméis en un animal tan enorme y poderoso como vos. Seguramente será el doble de difícil y mucho más increíble que pudierais transformaros en un animal pequeñito e insignificante, no sé… como… ¡un ratón!

El ogro, enfurecido por las palabras del gato, no tardó ni un segundo en transformarse en un minúsculo ratón y… ¿Sabéis cuál había sido el oficio del gato en el viejo molino? ¡Precisamente ese!: cazar ratones. Así que, sin perder un segundo, se abalanzó sobre el pequeño roedor, lo atrapó y se lo tragó de un solo bocado. En ese momento la comitiva real llegaba al castillo y el rey, admirado por su bella construcción y su riqueza, decidió pararse en él y visitarlo para conocer a sus moradores. Entonces el gato salió a recibirles diciendo:

–¡Bienvenidos seáis todos al castillo de mi amo, el marqués de Carabás!

El rey estaba tan fascinado con las muchas propiedades y virtudes de su nuevo amigo el marqués, que aquella misma tarde, y con el consentimiento de su hija la princesa que ya se había enamorado, le ofreció su mano, y ella y el joven molinero (naturalmente) se desposaron enseguida.

Desde entonces, el molinero vivió siendo príncipe y dueño de los bienes del ogro. En cuanto al gato, se convirtió en un caballero de la corte admirado y apreciado como consejero, y nunca más tuvo que cazar ratones.

De esta historia se aprende que la inteligencia es más importante que las riquezas, y que podemos alcanzar nuestros deseos si agudizamos el ingenio…

Barba Azul

Había una vez un hombre extraordinariamente rico que vivía rodeado de los mayores lujos. Tan sólo tenía aquel hombre una desgracia aparente: le crecía sobre el rostro una espesísima barba de color azul que le hacía parecer un monstruo más que un hombre. Por eso las mujeres evitaban su compañía.

Barbazul era un hombre mayor que se había casado varias veces, pero nadie sabía qué había sido de sus mujeres, porque él siempre estaba solo…

Así las cosas, se ofreció como marido de una de las hijas de una viuda noble pero pobre que vivía en su región. La mujer tenía también dos hijos mayores, pero deseaba un buen casamiento para las damas, por lo que aceptó el ofrecimiento de Barbazul. Las dos muchachas, sin embargo, estaban horrorizadas ante esa perspectiva. Ninguna quería contraer matrimonio con aquel hombre tan serio, tan solitario y tan raro que les daba miedo. Además… ¿Por qué se habrían ido sus anteriores mujeres?

Para ganarse el favor de la viuda y su familia, Barbazul les invitó a pasar unos días en una de sus lujosas fincas. Preparó allí jornadas de diversión, juegos y canciones, y les regaló con los mejores manjares y cuantas finezas quepa imaginar para conquistar el corazón de una de las jóvenes. Al principio, las muchachas sentían cierto temor, pero pronto cedieron a la vista de tantas y tan exquisitas riquezas. Así, la hermana mayor se ablandó y… «Tener la barba azul es muy original», empezó a pensar; «y si un hombre es callado y serio resulta más educado… ¡Y hasta menos molesto! Seguro que no es tan malo».

Y dicho y hecho: a los pocos meses se casó con Barbazul.

Habían pasado sólo unos días cuando Barbazul anunció que tenía que salir de viaje

—Quiero que te diviertas en mi ausencia –le dijo antes de partir–, así que puedes invitar a tus familiares y amigos. Estas son todas las llaves –añadió ofreciéndole un gran llavero–. Ésta abre los salones, ésta los armarios de la vajilla de gala, ésta los cajones de la cubertería de oro, ésta el cofre donde guardo el dinero, ésta el joyero de las joyas que desde hoy puedes lucir… y ésta otra más pequeña sólo abre la bodega del sótano. Puedes usar todas las llaves salvo esta última –le advirtió al final–. No entres allí bajo ningún concepto. Si me desobedeces… conocerás mi ira.

—Prometo no entrar en la bodega –contestó la esposa tomando las llaves. Y así, Barbazul se marchó dejando a su mujer dispuesta a celebrar una gran fiesta.

La joven hizo venir a su hermana para que le ayudase con los preparativos y, mientras esperaban a los invitados, fue abriendo uno a uno todos los cajones, armarios y estancias de la mansión con las llaves de Barbazul.

Al principio procuró de bajar a la bodega ni abrir el sótano, pero pronto le empezó a picar la curiosidad. «¿Qué habrá allí adentro para que mi marido me haya prohibido entrar?», se preguntaba una y otra vez.

Y por más que recordaba la advertencia de Barbazul, no pudo evitar bajar con la escusa de coger vino de la bodega.

«Bueno. Sólo pegaré la oreja a la puerta» se dijo «para comprobar si mi marido ha encerrado allí perros u otros animales». Así lo hizo y escuchó atentamente, pero no oyó nada en absoluto. Al contrario, el sótano estaba envuelto en un silencio sepulcral. Pero lo cierto es que no soportaba más el picor de la curiosidad, así que, pensándolo con calma, se convenció: «Barbazul no va a enterarse. Entraré sin hacer ruico y saldré rápidamente».

Y decidiéndose, metió la llave en la cerradura y abrió la puerta. Al principio no vio nada, cegada por la oscuridad. Esperó a que sus ojos se acostumbraran y avanzó hacia las sombras tendidas en el suelo de aquel cuarto. Al dar un paso sintió cierta humedad pegajosa en el suelo, se agachó a tocar y... ¡Horror! ¡Todo estaba cubierto de sangre! Y ahora distinguía aquellos bultos: ¡eran cadáveres! ¡Las pobres esposas de Barbazul, degolladas y encerradas allí!

En ese preciso instante sonó la voz de Barbazul desde arriba:

—Sube, esposa mía. He podido aplazar el viaje. Disfrutaré de la fiesta contigo.

Del susto, a la joven se le cayó la llave del sótano sobre el charco de sangre, pero la recogió, salió y subió a toda prisa. De frente se encontró con su marido.

–Devuélveme las llaves, querida –pidió amablemente Barbazul.

Ella le dio el manojo sin la pequeña llave del sótano, pero Barbazul enseguida notó que faltaba precisamente esa, y se la reclamó. La joven había intentado ocultarla entre los pliegues de su falda, pero finalmente se la tendió.

–¡La llave está manchada de sangre! –gruñó Barbazul en tono amenazador.

–No sé…–mintió ella, empezando a temblar de miedo y casi llorando de pavor.

–¿No lo sabes? –rugió el marido–. Yo creo que sí. Entraste en el sótano, desobedeciéndome. Pues bien: allí volverás, ¡porque voy a degollarte!

Y sacó un sable que llevaba en el cinturón. Ella se arrodilló y suplicó clemencia con tanto dolor que cualquiera se hubiera compadecido, pero Barbazul se echó a reír y levantó la espada para matarla sin ningún remordimiento.

—¡Espera! -rogó la muchacha-. Concédeme al menos unos minutos para rezar.

—Te doy siete minutos -concedió Barbazul-, así que reza deprisa.

Ella corrió hacia los aposentos donde aún la esperaba su hermana.

—¡Hermana! -gritó-. ¡Ayúdame! Sube a la torre y dime si ves llegar a mis hermanos, porque sólo ellos pueden salvarme de una muerte segura.

La hermana corrió hacia la torre, subió y se puso a vigilar la lejanía:

—Sólo veo el polvo que el sol oscurece y las espigas que el viento mece.

Barbazul se impacientaba a cada minuto y llamaba a su mujer. Ella, a cada minuto, pedía a su hermana que siguiese buscando en el horizonte. Así una y otra vez, sin éxito, hasta que en el último momento, la hermana gritó:

—¡Vienen dos hombres a caballo! ¡Son nuestros hermanos!

Entonces la muchacha bajó. Barbazul la agarró del pelo y, justo cuando la hoja de su espada rozaba el cuello de la joven, los dos hermanos saltaron sobre Barbazul. Lucharon los tres fieramente hasta que a Barbazul le venció el agotamiento y por fin le derrotaron las espadas de los dos hermanos.

Muerto Barbazul, todas sus riquezas pasaron a manos de la joven viuda, que dedicó una parte para enterrar y hacer un rico mausoleo a las anteriores esposas de su feroz marido Barbazul. Otra parte la usó para que sus hermanos, que la habían salvado, ascendieran

en su carrera militar, y otra la dedicó a la dote de su hermana, que gracias a ella se casó con un caballero de la nobleza. El resto del dinero lo guardó administrándolo sabiamente y, pasado el tiempo, volvió a casarse con un buen hombre que no escondía ningunas llaves y que tampoco llevaba barba.

El pequeño Pulgarcito

Había una vez una cabaña humilde donde vivía una familia de leñadores. La familia estaba compuesta por los padres y siete hijos, todos varones. El más pequeño de los hermanos era un niño enclenque y silencioso que había nacido casi tan pequeño como el dedo pulgar de su padre y por eso todos le llamaban Pulgarcito. Este pobre niño era el objeto de burla de toda la familia por ser tan esmirriado y por estar siempre callado, de modo que sus padres pensaban que era un poco tonto. Pero no lo era; al contrario, era el hijo más listo, pues ya se sabe que aprende más el que calla y escucha, que el que habla sin juicio.

Los leñadores eran muy pobres y tener tantos hijos no les ayudaba, pues eran siete bocas que alimentar. Hubo un año en que la nieve impidió a los padres recoger leña para vender y, desesperados, decidieron deshacerse de sus hijos.

–Lo mejor será llevar a los niños al bosque mañana –dijo el leñador–, y cuando estén entretenidos recogiendo leña nos marcharemos sin que se den cuenta.

–¡Qué horror! –respondió la mujer–. ¡Abandonar así a nuestros propios hijos!

–¿Acaso prefieres verlos morir de hambre? –respondió el leñador–. En el bosque tal vez tengan la suerte de encontrar una gruta donde vivir y caza para comer.

Y tantos razonamientos le dio el leñador a su mujer, que al final la convenció.

Pero, aunque ellos no pudieran verlo, Pulgarcito estaba despierto y había oído su conversación, así que se durmió pensando cómo podrían salvarse. Al amanecer salió un momento de la casa sin que le vieran y cogió un puñado de blancos cantos rodados de los que arrastraba el riachuelo que pasaba por allí.

A la mañana siguiente, el leñador se llevó a sus siete hijos al bosque y, cuando estaban distraídos, se marchó dejándolos solos. Al cabo de un rato, los niños se dieron cuenta de su soledad y, como estaba anocheciendo, empezaron a temblar de miedo. Entonces Pulgarcito les dijo que no se preocuparan porque él los llevaría de vuelta a casa gracias a las piedras blancas que había tenido buen cuidado de ir soltando para marcar el camino cuando fueron al bosque.

Efectivamente, siguiendo el rastro de las piedras pronto estuvieron en casa.

A los pocos días de nuevo los padres decidieron abandonar a sus hijos en el bosque. Pulgarcito les oyó de nuevo, pero se durmió tranquilo pensando en utilizar el mismo procedimiento que la vez anterior. Sin embargo, al amanecer encontró la puerta cerrada y no pudo recoger las piedras, así que se guardó el pan del desayuno para dejar con él un rastro de migas de pan.

Cuando el padre desapareció, la escena de los niños abandonados volvió a repetirse, pero esta vez,

cuando Pulgarcito intentó hallar el camino de regreso, no pudo encontrarlo porque los pajarillos del bosque se habían comido las migas de pan borrando el sendero. ¡Ahora sí que estaban solos y perdidos en mitad de la noche!

Habían caminado mucho sin rumbo fijo cuando se encontraron ante la puerta

de una casa iluminada. Al llamar para pedir cobijo, abrió una mujer.

–Nos hemos perdido –dijeron los niños–. Por favor, déjenos pasar la noche en su casa o nos moriremos de frío.

–¡Oh, pobres niños! –respondió la mujer–. No sabéis que habéis venido al peor lugar del mundo, pues mi marido es un ogro que come niños y está a punto de llegar…

Pero los niños insistieron tanto que la señora terminó por ceder. Los pequeños se acercaron al fuego para calentarse y, cuando estaban recuperando la alegría por verse a salvo, sonaron fuertes golpes: era el ogro que regresaba. Rápidamente, la mujer los

escondió debajo de la mesa y abrió la puerta a su marido. Nada más entrar, el ogro olisqueó a su alrededor.

–Aquí huele a niño –gruñó.

Y, levantando el mantel de golpe, descubrió a los siete hermanos, acurrucados y muy asustados.

El ogro se los iba a comer crudos cuando su mujer intervino:

–Si les dieras una buena cena, engordarían y serían mejor manjar para mañana.

Así que Pulgarcito y sus hermanos cenaron una comida deliciosa, pues al ogro le pareció una idea estupenda engordar a los niños antes de darse el festín.

El ogro y su mujer guardaban en el cuarto oscuro siete ratas gordas que servirían de alimento al ogro cuando no hubiera otra cosa. Como eran muy escurrizas, las habían atado a todas en una esquina de la habitación.

Después de alimentar a los niños, el ogro los llevó al mismo cuarto oscuro y los ató en la esquina contraria a las ratas. Pero Pulgarcito, tan diminuto como era, se escurrió de las ataduras e inmediatamente soltó a sus hermanos. Cambió a las ratas de sitio, atándolas donde ellos estaban, y él se colocó con sus hermanos en la esquina que hasta entonces habían ocupado las ratas gordas.

El ogro, intranquilo y sin poder dormir pensando en que los niños pudieran escaparse, entró en el cuarto oscuro para matarlos y asegurarse el banquete. Así que, dirigiéndose a la esquina en que los había dejado, degolló por error a las ratas pensando que eran sus siete prisioneros, y se fue a dormir.

A la mañana siguiente, cuando la mujer fue a por los niños para que sirvieran de desayuno al ogro, encontró a las ratas degolladas en un charco de sangre y, tal fue la impresión que le dio, que se desmayó. Pulgarcito y sus hermanos aprovecharon la ocasión para huir de la casa e internarse en el bosque.

El ogro, al ver cuánto tardaba su esposa, subió al cuarto oscuro y allí la encontró entre las ratas muertas. Preso de ira por haberse dejado engañar, la despertó.

–¡Mujer! ¡Tráeme las botas mágicas de siete leguas! –gritó zarandeándola–. Voy a cazar a los siete pequeñajos que me han hecho matar a las ratas del desván.

El ogro se calzó las botas y echó a correr. ¡A cada paso avanzaba más de cien de los chiquillos! Cuando Pulgarcito y sus hermanos vieron venir al ogro, se escondieron en una gruta y cuando el ogro llegó a su altura, cansado de saltar ríos y de sortear montañas sin haberlos visto, se sentó a descansar. Pronto se quedó dormido, pero los niños no se atrevían a salir por temor a despertarlo, hasta que Pulgarcito, tan listo y valiente como siempre, salió y le quitó las botas al ogro. Al instante las botas mágicas se hicieron de su tamaño y se las calzó.

–Volved a casa, que ya no queda lejos de aquí –les dijo a sus hermanos–. Y no os preocupéis por mí, que le voy a dar su merecido a este ogro.

Mientras los niños volvían corriendo a su casa, Pulgarcito se presentó en un santiamén en la casa del ogro.

–A su marido le han cogido unos bandoleros –engañó a la mujer del ogro–, y me ha encargado que les lleve todas sus riquezas para que a cambio lo liberen. Mire, me ha enviado aquí con sus botas mágicas para que viniera más deprisa. No hay tiempo que perder.

La mujer se lo creyó todo y le dio a Pulgarcito los ricos tesoros que tenían.

Pulgarcito marchó entonces a su casa, donde fue recibido con gran alegría, pues gracias al dinero del ogro, nadie en aquella familia volvería a pasar hambre.

El ogro se despertó y tuvo que volver a su casa andando. Pero lo peor fue cuando supo que aquel pequeñajo le había robado todo. ¡No le quedó más remedio que trabajar de leñador para salir adelante!

Pulgarcito dejó de ser motivo de burla entre sus hermanos, que ahora le admiraban por su inteligencia y valor, y dicen que prestó sus servicios al rey en alguna ocasión, pues con las botas de siete leguas llevaba el correo real más deprisa que ningún emisario. Así se hizo aún más rico y famoso, y con el tiempo se trasladó junto a su familia a una gran finca rodeada de verdes prados y sin árboles que talar.

La Cenicienta

Hubo cierta vez un rico comerciante casado con una mujer tan bella como virtuosa. De ese matrimonio feliz nació una hermosa niña más deliciosa aún que su madre, pero desgraciadamente la mujer murió cuando la niña era sólo un bebé y unos cuantos años después el comerciante decidió volver a casarse para darle a su hija una auténtica familia. Pero fue a contraer matrimonio el buen hombre con la mujer más orgullosa y antipática del mundo, que además tenía dos hijas, algo más mayores que la suya, que eran tan soberbias y malas como su madre.

En cuanto la madrastra se dio cuenta de que, por su bondad y por su belleza, la joven hija del comerciante era la preferida de todos en la mansión, comenzó a odiarla, pues pensaba que nadie se fijaría en sus propias hijas. La mala mujer, que además era muy dominante y conseguía tener engañado a su marido, obligaba a su hijastra a hacer las tareas de la casa como si fuera una sirviente más. La pobre niña tenía que madrugar, traer agua, cocinar, lavar y almidonar mientras sus hermanastras vivían como auténticas pricesitas.

Cada noche, la pequeña hija del comerciante solía descansar junto al fuego del hogar, en las cocinas, y a fuerza de echarse allí, las cenizas ensuciaban su ropa y su rostro, por lo que sus perversas hermanastras se burlaban de ella llamándola Cenicienta… y así empezó a llamarla todo el mundo. Pero a pesar del hollín, Cenicienta era mucho más bonita y buena que ellas, pues nunca se quejó a su padre, e incluso sentía afecto por su madrastra y sus hermanas.

Un día, llegó hasta la casa un heraldo real que traía un bando: el príncipe buscaba esposa y, para conocer a las candidatas, había organizado dos días de baile a los que debían acudir todas las damas distinguidas de la región. Las dos hermanas estaban tan emocionadas que se pasaban el día hablando de lo que se iban a poner, de las joyas que lucirían, y el peinado que querían para la ocasión.

La pobre Cenicienta sólo tenía una obligación: debía ayudarlas para que todo fuera perfecto para ellas en las fiestas.

De hecho, la misma tarde del primer baile, las muchachas exigieron que Cenicienta las peinase con dos filas de bucles, y mientras lo hacía, preguntaron cruelmente:

—¿Y a ti… no te gustaría ir al baile, Cenicienta?

La joven se ilusionó mucho creyendo que se lo decían de buena fe.

—Si pudierais dejarme un vestido…—contestó la pobre inocente. Entonces las hermanas se echaron a reír. ¡Dejarle uno de sus vestidos! ¡Ni hablar! ¡Qué barbaridad! ¡Podría ensuciarlo con sus cenizas!

Así que Cenicienta, entristecida, terminó de peinarlas lo mejor que supo y las vio marchar al baile enfundadas en sus mejores galas. Luego se fue a la cocina, apesadumbrada, a esperar su regreso, pero en ese momento llegó su madrina (que en realidad era un hada) y le preguntó por qué estaba tan triste.

–Me gustaría tanto poder ir a ese baile... -dijo Cencienta-. Pero es sólo para damas distinguidas. No puedo aparecer así, sin vestido, sin carroza...

–Tal vez yo pueda ayudarte a solucionar eso -dijo el hada-. Anda, ve al huerto y trae la calabaza más grande que encuentres, después caza seis ratoncitos, atrapa una hermosa rata y tráeme también cuatro lagartijas.

Cenicienta no se explicaba cómo serviría todo aquello para ir al baile, pero aun así, salió al jardín y lo trajo todo. En cuanto lo tuvo delante, el hada sacó su

varita mágica, golpeó un poco cada cosa mientras decía ciertas palabras mágicas y... ¡oh, maravilla!, la calabaza se transformó en una preciosa carroza dorada, los ratoncitos en seis briosos corceles, la rata en un digno cochero y las pequeñas lagartijas en cuatro lacayos elegantemente uniformados.

—¡Perfecto, pequeña! ¡Ya puedes ir al baile! -dijo el hada tan contenta.

—Pero... no debería presentarme en palacio con este pobre vestido... -susurró tímidamente Cenicienta mirando los andrajos que la cubrían. En ese preciso instante la varita del hada madrina se paseó alegremente alrededor de la chica, convirtió sus harapos en el vestido de baile más bonito del mundo y, para acompañarlo, calzó sus pies descalzos con unos delicados zapatitos de cristal.

—Ve al baile, querida –terminó por fin el hada–. Pero recuerda bien una cosa: debes regresar a casa antes de las doce de la noche, porque en ese momento el encantamiento se romperá y todo lo que te rodea volverá a ser exactamente como era antes; tus pies descalzos, los harapos, la calabaza y los animales.

Cenicienta prometió regresar antes de la medianoche y se marchó. Cuando llegó al baile, los lacayos la anunciaron como una princesa desconocida y todos, incluso el príncipe, se prendaron de inmediato de su hermosura y amabilidad.

Muy pronto, el reloj marcó las doce menos cuarto. Entonces Cenicienta se despidió de los demás invitados cortésmente y regresó a casa.

—¡Ha sido maravilloso! –le dijo

al hada que la estaba esperando–. Por favor, déjame volver mañana.

Viendo lo responsable que había sido su ahijada, la madrina le prometió que podría ir también y la siguiente noche, tras ayudar a sus hermanastras, Cenicienta recibió la visita de su hada madrina que de nuevo la convirtió en una princesa de cuento.

De nuevo en la fiesta, el príncipe, ya completamente enamorado de ella, no dejó que se alejara ni un minuto de su lado. ¡Empezaba a pensar que ya había encontrado a su princesa! Y Cenicienta lo estaba pasando tan bien que las doce campanadas le sorprendieron de repente. Al oír las primeras salió corriendo tan deprisa escaleras abajo que perdió un zapatito de cristal justo antes de que el encantamiento se deshiciera. Sin embargo, vestida de nuevo con sus harapos, notó sorprendida que aún conservaba el otro zapatito mágico.

Al día siguiente, el príncipe (que había encontrado el diminuto zapato de cristal perdido por su amada) ordenó que todas las doncellas del reino se lo probaran,

hasta dar con la propietaria, con la que quería casarse. Cuando llegaron a la casa de Cenicienta, ninguna de las hermanastras pudo calzarse el zapatito.

Entonces, Cenicienta pidió que se lo dejaran probar a ella. Las hermanastras se echaron a reír, pero el emisario, que tenía orden de probárselo a todas las doncellas del reino, se lo permitió. La sorpresa de todos fue mayúscula: ¡El zapato encajaba perfectamente en su pie!

La joven, entonces, sacó el otro zapatito y al instante apareció el hada, que volvió a vestirla con las ropas del baile. Así sus hermanas lo entendieron todo…

Cenicienta se casó con el príncipe y fue inmensamente feliz; y como era tan bondadosa se llevó a vivir con ella a su familia.

El hada del manantial

En una aldea vivía una viuda con dos hijas. La hija mayor era el vivo retrato de su madre, fea y con verrugas; el pelo le crecía crespo y tieso, de modo que nunca podía peinarse; los brazos eran demasiado largos, como los de un mono, y los tenía tan peludos que causaban horror. La nariz ganchuda y roja, y los dientes negros no ennoblecían en nada su rostro; y además era algo bizca, de pies grandes y sin una gota de elegancia. Pero lo peor era su carácter: orgullosa y antipática como pocas, nadie le tenía afecto, excepto su madre, claro, que al verse retratada en tan parecida hija, la quería tanto como a sí misma.

También vivía en la casa la hija menor, una joven encantadora que había heredado la belleza y simpatía de su padre, muerto años atrás. La madre y la hermana no podían soportarla, quizá por envidia, pues su hermosura no tenía comparación. Era tan bella y graciosa que, aun vestida de pordiosera, no dejaba de ser bonita, con un rostro angelical.

Cargaban a la pobre muchacha con las faenas más pesadas del hogar: trabajaba la tierra bajo el sol abrasador del verano o bajo la lluvia y el frío en invierno,

daba de comer a los animales, limpiaba la casa, hacía la comida, fregaba los platos, planchaba, cosía y nunca tenía un día libre, pero era tan alegre y bondadosa, que tampoco se quejaba. Entre sus muchas ocupaciones, debía ir dos veces al día a un manantial que quedaba al otro lado del bosque para llenar un cántaro de agua.

En una ocasión salió tan temprano a por agua que cuando llegó a la fuente todavía estaba amaneciendo.

De entre la espesura del bosque cercano salió una anciana de aspecto muy pobre que caminaba lentamente y con torpeza. Era en realidad un hada que había venido a probar el buen corazón de la muchacha, pero ella no lo sabía y, al ver a la anciana, se compadeció y le ofreció sentarse a descansar un poco sobre su capa al tiempo que sacaba su pobre desayuno con la intención de compartirlo con ella. En cuanto terminaron de comer, la anciana pidió a la joven que le diera un poco de agua.

–¡Claro que sí! –respondió la muchacha contenta de poder atender a la pobre anciana –te acercaré mi cántaro y lo sostendré en alto para que puedas beber.

Después de beber, el hada se descubrió y dijo a la muchacha:
–Quisiera premiar tu bondad y amabilidad, por eso te concederé una gracia: con cada palabra que digas, de tu boca saldrán flores y piedras preciosas.

Cuando regresó a su casa, la madre estaba esperando de mal genio, pues quería lavarse la cara y no podía hacerlo hasta que la muchacha trajera el cántaro.

–¿Dónde has estado? –le preguntó–. Seguro que perdiendo el tiempo por ahí…

—Perdóname, madre -empezó a responder la chica con humildad-; me entretuve en la fuente y...

Se calló de inmediato al ver que a su madre se le salían los ojos de las cuencas por la sorpresa, pues al hablar, dos rosas, un clavel, tres perlas y un diamante habían salido de su boca a la vez que las palabras.

—¿Qué prodigio es este, hija mía? -preguntó la madre, que por primera vez en su vida la llamaba así y la trataba con respeto movida por la avaricia.

—En el manantial me encontré con una anciana pobre que resultó ser un hada y me concedió este poder para premiar mi generosidad por haberle dado de beber -respondió la niña casi atragantándose, pues mientras hablaba había echado cinco rubíes, dos esmeraldas, ocho tulipanes, tres margaritas y un brillante.

«Si ella, que es una estúpida, merece estos dones, ¿qué no merecerá mi otra hija tan querida?» se dijo la madre. Y pensado esto, la llamó para ordenarle:

—Vas a ir al manantial con un cántaro. Allí te encontrarás con una anciana pobre que te pedirá agua. Tú debes dársela, porque en realidad es un hada y te concederá el poder de echar flores y joyas por la boca cuando hables.

A la hija mayor no le apetecía nada cruzar el bosque y además odiaba parecer una vulgar labradora yendo a por agua, pero era tan ambiciosa como la madre y, a pesar de todo, fue.

Cuando llegó a la fuente con un cántaro de plata muy lujoso, esperó a que apareciese la anciana, pero en su lugar se presentó una dama ricamente vestida que era la misma hada, pero disfrazada de distinto modo.

—Por favor, dulce doncella –le pidió–, ¿quieres darme agua de tu cántaro?

–¡Déjame en paz, mujer! –respondió la hermana mayor–. Estoy esperando a una anciana y no te daré de beber. ¿Acaso no tienes tú manos para coger agua?

–Me iré, muchacha, me iré y te dejaré tranquila –dijo el hada descubriéndose–. Pero como pago a tu antipatía, te concederé un poder: cada vez que hables saldrán por tu boca sapos y culebras.

Cuando la hija mayor volvió a casa, la madre le preguntó si había encontrado a la anciana, pero la muchacha, que no quería descubrir lo que había pasado, negó con la cabeza. La madre insistió y le preguntó por qué llegaba tan tarde y la hija, intentando salir del aprieto, se encogió de hombros.

–¿Acaso te ha comido la lengua el gato? –preguntó la madre–. ¡Contéstame!

–¡No! ¡No vi a la anciana! –tuvo que contestar, por fin, la hija, que tampoco tenía demasiada paciencia y ni a su madre consentía que le gritara. Pero mientras hablaba, sapos horrorosos, verdes y marrones, serpientes y culebras, salían de su boca. La madre estaba espantada pero, como no quería culpar a su hija del desastre, descargó su ira con la hija menor, la acusó de mentirosa y la expulsó de la casa. La pobre muchacha huyó hacia el bosque. El hada que le había concedido el don en el manantial la vio y, sabiendo que un príncipe solía cazar por ese bosque, embrujó a un cervatillo para que tomara la misma dirección que la joven.

Persiguiéndolo, el príncipe se acercó al arroyo, donde la muchacha lloraba. Al verla sentada en la orilla, derramando perlas en cada suspiro, el príncipe se sorprendió por tal prodigio y se acercó más. Entonces notó lo bella que era aquella muchacha y al instante quedó prendado de sus encantos.

Le preguntó por qué lloraba. La joven empezó a explicar lo sucedido y el príncipe, totalmente enamorado no sólo de su belleza, sino de su bondad, le pidió que fuera su esposa.

–¿Cómo voy a ser princesa –respondió ella con modestia–, si no tengo nada y sólo sé coser, cocinar y limpiar?

–Las riquezas que salen de tu boca –contestó el príncipe– son dote más que suficiente para una princesa y me basta saber que un hada premió así tu buen carácter para amarte.

Así que se la llevó a su castillo y la desposó. Fueron muy felices porque su amor duró siempre y los tesoros que ella desprendía al hablar enriquecieron a su pueblo, que fue el más próspero de cuantos jamás se hayan conocido.